LA MER A NIORT

Nouvelles Considérations

PAR

GUSTAVE LAURENCE

Ancien Membre
de la Société de Statistique, Sciences, Lettres et Arts des Deux-Sèvres,

Ancien Inspecteur des Douanes.

NIORT

L. CLOUZOT, LIBRAIRE-ÉDITEUR,

22, rue des Halles, 22.

1884

LA MER A NIORT

—

Nouvelles Considérations

PAR

GUSTAVE LAURENCE

Ancien Membre
de la Société de Statistique, Sciences, Lettres et Arts des Deux-Sèvres,

Ancien Inspecteur des Douanes.

—

NIORT

L. CLOUZOT, LIBRAIRE-ÉDITEUR,

22, rue des Halles, 22.

1884

LA MER A NIORT

NOUVELLES CONSIDÉRATIONS

Lues le 7 novembre 1883, à la séance de la Société de Statistique, Sciences, Lettres et Arts

Prévenus qu'en creusant une fosse dans un jardin donnant sur la nouvelle voie qui conduit des Ponts-Main à la route de Fontenay, on avait mis au jour un banc d'huîtres d'une importance considérable, — plusieurs membres de la Société, — d'opinions divergentes sur la question, — MM. Caillé, Breuillac, Des Francs, l'abbé Largeau, Ernest Noirot, Fournier, le trésorier et autres personnes, se sont rendus sur les lieux pour reconnaître et examiner cette découverte. Il a été facile de constater que, sous une couche de terre végétale de 70 à 80 centimètres, remaniée à la superficie, et une bande *régulière et intacte* de sable jaune de 10 centimètres, de même nature que celui rencontré dans tous ces parages, — cet amas présente une épaisseur de 1 mètre 75 centimètres sur un périmètre qu'il a été impossible de déterminer, en raison des murs de construction récente qui, sans l'atteindre, le surmontent de deux côtés. La partie déblayée et visible permet toutefois de reconnaître que ce banc a au moins un volume de 8 mètres cubes, et tout porte à croire qu'il s'étend au-delà, à droite et en arrière des murs. Il serait donc à désirer qu'on pût faire des fouilles dans les propriétés voisines et même au-delà d'un petit chemin qui longe, à l'ouest, l'un de ces murs. Ce serait le plus sûr moyen d'élucider la question qu'il importe de résoudre, à savoir si réellement, dans les temps modernes, l'Océan a pénétré jusqu'aux rives niortaises, après l'établissement des Romains dans le pays. Un simple sondage suffirait sans doute, et peut-être même est-il inutile de le tenter si, comme je le pense, la cavité où les huîtres se trouvent entassées n'est qu'un ancien bassin creusé au milieu d'un jardin pour la conservation des eaux d'arrosage ou d'agrément. La seule paroi visible est, en effet, formée d'une sorte de terre glaise, onctueuse au toucher, s'élevant presque perpendiculairement jusqu'au niveau de la couche de sable qui recouvre les huîtres. Sa teinte foncée se distingue aisément du sable qui constitue le sol sous-jacent dans lequel ce bassin a été établi. C'est, à n'en point douter, l'ouvrage des hommes.

Dans l'état actuel, on remarque que les huîtres sont déposées en couches symétriquement horizontales, bien que quelques-unes se trouvent dans une position qui paraît anormale à quelques-uns et dont on voudrait exciper comme preuve que ces mollusques ont été apportés par la main des hommes. Or, rien de plus inexact. Les naturalistes les plus compétents enseignent, en effet, que, si les huîtres adoptent le plus ordinairement une position horizontale, ce qui a fait donner à leurs valves le nom de supérieure et d'inférieure, elles prennent toutes les positions suivant les lieux et les circonstances (1).

On ne doit pas perdre de vue, d'un autre côté, que, dans cet endroit, les huîtres ne sont plus en couches légères, mais en une masse puissante, ce qui exclut toute idée de parc ou d'apport factice, et qu'elles n'ont pu servir de fondation à un bâtiment quelconque, puisqu'il n'en existe pas la moindre trace au-dessus.

Quand bien même il serait admis que ces dépôts, si étendus et si différents d'épaisseur, sont l'œuvre des hommes, il resterait à expliquer la provenance de ces huîtres en si grande quantité, leur dispersion sur une surface si étendue, et quel intérêt a nécessité ce long et coûteux travail et pourquoi encore le volume de ces diverses couches est si variable sur des points si

---

(1) Deshayes. Article Huîtres du *Dictionnaire universel d'histoire naturelle* de d'Orbigny, tome VI°, page 704, 1845.

rapprochés. Enfin, comment peut-il se faire que ces mollusques, qui indubitablement auraient été jetés pêle-mêle, aient conservé leur intégralité et pris une position symétrique ? — N'est-il pas plus simple de penser qu'ils sont nés là, qu'ils s'y sont propagés et qu'ils y ont vécu jusqu'au jour où, — la mer s'étant retirée, — ils se sont trouvés à sec et recouverts, dans la suite des temps, par les terres que les pluies entraînaient des coteaux voisins ou que charriait la Sèvre dans ses débordements et aussi par une cause que nous développerons un peu plus loin.

La face orientale du massif a évidemment été remaniée, non pas par la main de l'homme, mais par l'effet de la marée. C'est un point que j'expliquerai tout-à-l'heure. Les fouilles que nous y avons faites nous ont montré, mélangés avec des huîtres, de nombreux tessons de vases plus ou moins grands, d'assiettes, quelques débris de verre et une base d'amphore en deux morceaux. — Il convient d'insister sur ce point, que le mélange d'huîtres et de débris antiques n'existe que sur un des bords et encore sur une faible portion de la masse des huîtres. A l'intérieur, pas le moindre mélange ; la masse a résisté à la violence des flots et les mollusques ont conservé leur position naturelle.

Les vases, en terre soit rougeâtre, soit grise ou jaune, sont de formes différentes, ayant des goulots à rebords droits ou renversés, plus ou moins ornés, munis d'une ou deux anses, simples ou à rainures, l'ouverture variant, suivant la dimension des récipients, de 6 à 15 centimètres. Les débris de verre consistent en une partie du pied et une partie de la panse qui présente un léger relief en spirale. Ils paraissent irisés. — Les assiettes sont généralement réduites à peu de chose, à l'exception d'une, qu'on pourra reconstituer presque en entier. Elles sont en terre fine, d'un beau rouge, avec des dessins en relief de différents modèles, suivant les pièces auxquelles les morceaux ont appartenu. Ce sont les seuls objets à conserver parmi tous ceux qu'on a recueillis, en y joignant le fragment d'un petit pot à bords droits, ornés également de dessins.

De prime-abord, j'ai cru que nous avions eu la bonne chance de mettre la main sur une sépulture gallo-romaine. La forme des goulots est, en effet, complètement identique aux goulots des vases funéraires trouvés à Gourgé en 1861 et que notre Musée possède dans ses vitrines. Mais, en présence de la quantité de ces goulots, qui s'élève bien à une trentaine, et surtout en l'absence de tout vase intact, qui aurait pu en déterminer la forme, j'ai dû reconnaître qu'il ne pouvait en être ainsi. L'existence de plusieurs anses, grosses et petites, ne se rapportant pas aux goulots recueillis, de ces débris d'assiettes et de verre et de quelques os d'animaux, me porte à croire qu'il s'agit d'objets brisés par la chute des maisons, occasionnée par l'irruption de l'Océan. Ces débris, entraînés par les flots, auraient été jetés dans le bassin dont j'ai ci-devant parlé. Par la même cause, le frai des huîtres y aura été déposé, l'animal sera devenu adulte, et, s'y reproduisant d'année en année, avec la fécondité qu'on lui connaît, y aura formé ce banc de près de deux mètres d'épaisseur, si différent, par ce motif, des autres couches reconnues.

La nouvelle découverte, en les fortifiant, vient donc à l'appui des considérations que j'ai émises précédemment.

*

Au dernier moment, on me communique une *Etude* que vient de publier M. Lièvre, d'Angoulême, comme problème d'archéologie et de zoœthique, sur les *Huîtres nourries en eau douce.* Les dépôts d'huîtres se rencontrent un peu partout, loin des rivages de la mer et à des altitudes qui ne permettent pas de croire qu'elles y ont été déposées par les flots, du moins depuis les temps historiques. Ce sont des huîtres fossiles. Les auteurs anciens nous apprennent que les Romains étaient fort friands de ces délicats mollusques et qu'ils n'épargnaient aucune dépense, quelque considérable qu'elle fût, pour s'en procurer. Pendant la guerre des Parthes, Apicius, — nous remémore M. Lièvre, — envoie à Trajan des huîtres qui, après un trajet de mille lieues, arrivent en Perse aussi fraîches que si on venait de les tirer de la mer. Avec ce goût si prononcé pour ce coquillage, il n'est pas incroyable que les riches patriciens de Rome aient cherché, en quelque endroit qu'ils se fixassent, à en avoir constamment à leur disposition. A ce propos, M. Lièvre se demande si ces dépôts d'huîtres ne proviendraient pas des parcs que les vainqueurs du monde ou les Gaulois, à leur exemple, auraient établis à proximité de leurs villas.

Sans m'arrêter davantage sur ce sujet, je me pose, à mon tour, cette question : Les huîtres du quartier du Port ont-elles cette provenance ? Je ne puis y répondre que par la négative. En premier lieu, notre pays est trop près des rivages de l'Océan et surtout du golfe qui jadis portait son nom, pour que les Romains ne pussent pas s'en procurer facilement et à peu de frais. En second lieu, les substructions romaines récemment mises au jour n'indiquent pas que les habitations appartinssent à de riches patriciens en position de créer, à grands frais, des établissements de ce genre. D'un autre côté, l'étendue des bancs sur un terrain *essentiellement perméable*, — notons ce point, — fait encore repousser cette idée et aussi la superposition des trois bancs découverts. Comment admettre que les Romains se soient amusés à recouvrir de sable les deux premières couches pour en créer une troisième ? Enfin, il est à remarquer que ces bancs n'ont pas été exploités, car ils sont intacts, et on n'a trouvé nulle part des amas de coquilles vides. Dans l'hypothèse d'un ou de plusieurs parcs, à quoi attribuer la formation de ce banc considérable qui fait l'objet de cette note ? Concluons donc que ces huîtres, à l'état de frai, n'ont pénétré jusqu'ici qu'après l'établissement des Romains, qu'elles y ont vécu dans l'eau de mer et qu'elles y ont trouvé, en raison de sa faible profondeur et de son mélange avec l'eau de la Sèvre, l'élément qu'elles préfèrent, ainsi que Deshayes le fait remarquer dans l'ouvrage que j'ai cité plus haut (page 709).

Le même auteur ajoute : « Il n'existe nulle part de véritables huîtres dans les eaux douces, car aucune espèce ne remonte, à l'embouchure des fleuves, au-delà du point où les eaux deviennent tout-à-fait douces. » Nouvelle preuve que la mer a roulé ses flots jusqu'aux rivages que nous habitons.

***

Un des arguments que l'on oppose, — et certainement il
paraît être le plus sérieux de tous, — à la possibilité que l'Océan
ait jamais pu, depuis les temps historiques, couvrir cette partie
de notre territoire, consiste à dire que « le quartier du Port est
de 90 centimètres plus élevé que les terrains de Bessac au-dessus
du niveau de la mer. »

Sans contester, le moins du monde, cette assertion, bien qu'à
première vue il paraisse étonnant que, dans une vallée remar-
quablement plate, les rives de la partie supérieure de la rivière
soient moins élevées qu'à un kilomètre plus bas, je me permet-
trai de faire remarquer à son auteur que, dans son calcul, il a
négligé un élément des plus importants dans la question. Il a
oublié de nous dire la raison de cette anomalie. Il est un fait
incontesté, c'est que tous les terrains du Port ont été remaniés
de vieille date : il n'est pas un terrassier qui n'en ait fait la
remarque. Cet exhaussement est tout naturel : il provient des
terres extraites du canal, à l'époque de son établissement, et
déposées, par plusieurs centaines de mille mètres cubes, sur les
terrains avoisinants, principalement sur la rive droite, sur le
tracé précisément de la nouvelle voie. Il n'est donc pas étonnant
que cette partie soit plus élevée que Bessac, et il me semble
qu'il est impossible de tirer de ce fait la conséquence que la mer,
n'ayant pas couvert le quartier de Bessac, — ce qui ne me paraît
pas encore clairement établi, — elle n'a pas pu couvrir le
quartier du Port.

Cet exhaussement est, en effet, tout accidentel et postérieur,
— il ne faut pas perdre de vue cette considération, — de plusieurs siècles à l'époque que la tradition attribue au retrait de
l'Océan. Elle est double, car elle s'applique à deux faits distincts
qu'elle ne confond en aucune manière : retrait de la mer au
commencement du vi° siècle du quartier du Port, à Niort, et
au xv° siècle seulement pour le pays de Maillezais.

Les récentes découvertes l'éclairent d'un jour tout nouveau.

Trois quarts de siècle avant la publication des Mémoires de l'abbé Joussemet et de l'auteur innomé que M. Dugast-Matifeux nous a fait connaître et que j'ai déjà eu occasion de citer, — un avocat niortais, J. Jacques Laffiton, au sujet de la revendication, en 1807, des marais de Bessines par les habitants de ce lieu et de Saint-Liguaire, s'appuyait sur ce fait que ces marais étaient autrefois couverts par les eaux de la mer, et, pour preuve, il disait que, même dans la seconde moitié du xve siècle, l'Océan était encore à Maillezais, d'où il ne s'est retiré que dans la nuit du 31 octobre 1463 (1).

Je ne puis m'empêcher de remarquer cette concordance entre auteurs inconnus les uns aux autres, dont les Mémoires, écrits à des époques différentes et restés à l'état de manuscrits, n'ont été livrés au public que depuis peu d'années. Il est impossible que cette concordance soit l'effet du hasard : elle est née de la croyance générale, qui semble n'être devenue nébuleuse que depuis qu'on s'en occupe. Les historiens de Niort étaient donc fondés à la mentionner. Seulement, Briquet, qui l'a signalée le premier, a eu le tort de ne pas préciser davantage le texte, — chronique de Maillezais, — sur lequel il s'appuie et que personne ne peut retrouver.

*_**

Dans la première partie de ce travail, j'ai reproduit une énonciation que le docte membre de l'Institut, M. Ernest Desjardins, a inscrite dans son très savant ouvrage sur la *Géographie historique de la Gaule romaine*, si riche en documents, disant que, dans le vaste périmètre qu'il vient de décrire, aucune amorce de voie ne se remarque sur les confins de cette région. » Evidemment, l'éminent académicien n'avait pas connaissance des travaux locaux qui ont été publiés sur ce sujet.

(1) La mer se retira tout-à-coup de Maillezais, pendant la nuit du 31 octobre au 1er novembre 1463, note, page 121. (*Très humbles et très respectueuses supplications et remontrances des habitants de Bessines et de Saint-Liguaire, sur le décret impérial du 7 messidor an 12. A Fontenay, de l'imprimerie de Goichot, 1807*).

Pas plus que Ptolémée, au commencément du IIe siècle, ne parle de la Sèvre, qui était alors un petit cours d'eau sans importance, se perdant dans les marais au-dessous de Niort, avant de se jeter dans le golfe des Santons, — l'*Itinéraire* d'Antonin, ce remarquable recueil qui embrasse tout l'empire romain dans sa plus vaste acception, — ne mentionne aucune voie romaine dans cette partie du Poitou et de la Saintonge. M. l'abbé Lacurie lui-même, dans sa *Notice,* si bien étudiée, *sur le Pays des Santons*, publiée en 1844 dans le Bulletin monumental et qu'invoquent fréquemment MM. Desjardins et Elysée Reclus, — n'en signale aucune dans cette direction. Il en relève dix-sept en Saintonge, sans comprendre, dit-il, plusieurs autres voies dont il retrouve l'indication dans ses notes, mais, parmi toutes ces voies, il n'en est pas une qui nous intéresse particulièrement.

Il y en avait une cependant qui passait dans nos environs et c'est à un de nos anciens collègues, — M. Lary, — que revient le mérite de l'avoir retrouvée et explorée (1). On conçoit aisément qu'il était impossible d'établir des voies de communication à travers le golfe des Santons, mais, — à son extrémité, — là où l'Océan n'avait pas encore pénétré, les Romains se sont empressés d'en créer une qui devait satisfaire à de multiples intérêts, tant politiques que commerciaux. Cette voie avait pour objet de relier directement la capitale des Santons à la ville de Nantes, au lieu du long parcours que nécessitait la voie principale qui, partant de Saintes, allait rejoindre Saint-Maixent (et même primitivement Poitiers), se prolongeant, sous le nom de la Bissêtre (*via strata*), par Breloux (ou La Crèche), Saint-Maxire et Saint-Pompain, jusqu'aux rivages de l'Océan. La deuxième voie, disait M. Lary, partait de Saintes et, se dirigeant du sud au nord, franchissait, ce qui est digne d'attention, les marais de la Sèvre au point où ils avaient le moins d'étendue et où ils offraient un trajet plus facile (2).

(1) *Mémoires de la Société de Statistique*, année académique 1840-1841, tome V, pages 28 et 38.

(2) M. Lary aurait pu tirer de ce fait la conséquence que le golfe était proche de ce point.

Sans suivre notre savant collègue dans toute sa dissertation, il me suffira de rappeler que cette voie, dans notre département, servait de limite entre les communes de Sansais et d'Amuré d'une part, et celle de Rohan-Rohan de l'autre; que c'est pour elle qu'a été construite la chaussée d'Epannes, appelée le pont de Céze (*Pons Cæsaris*), et que, s'infléchissant à l'entrée et à la sortie des marais de la Courance, elle atteignait la Sèvre, qu'elle franchissait sur un pont, à l'île de Magné, et de là gagnait, par un gué, l'autre rive, du côté de Coulon (1), qu'elle desservait; avant de s'embrancher sur la Bissêtre, elle passait à Maupasset où, de nos jours, un pré porte encore le nom significatif de *Pré de la Chaussée.*

Le pont a disparu, la voie n'a laissé aucune trace dans l'île de Magné et la chaussée se trouve enfouie sous une couche de terres alluvionnaires de 1 mètre 50 à 2 mètres d'épaisseur, quantité plus forte, — justifiée par l'irruption marine, — que celle qu'on constate d'habitude en pareille circonstance.

La voie a donc existé, — la grande quantité d'armes, de bijoux en or, de monnaies gallo-romaines trouvée au gué de Mallevaux ne laisse aucun doute à ce sujet, tout en prouvant son importance, — mais, recouverte par la mer vers le iie siècle de l'ère chrétienne, elle n'existait plus au ive, au temps d'Antonin, alors que l'Océan couvrait encore la contrée. Il ne pouvait donc la mentionner dans son *Itinéraire.*

De ces faits palpables, indéniables, ne suis-je pas obligé de conclure que l'Océan a envahi notre pays, et cela postérieurement à l'établissement des Romains, et que la mer ne s'est retirée de nos rivages qu'au commencement du vi^e siècle, ainsi que le rapporte la tradition que j'ai citée précédemment.

*
* *

A défaut de livres, de documents écrits en langage humain, la terre a parlé, elle a révélé les secrets de l'histoire, dévoilant

---

(1) Coulon, dont le nom latin (*Colonia*) révèle suffisamment l'origine romaine, de même que Coulonges qui se trouve non loin de là.

des faits précis et les déductions qui en jaillissent, fournissant
des preuves nombreuses, de toute sorte, toutes concordantes
entre elles, dont pas une ne défaille. Point n'est besoin d'avoir
recours à la géologie, qui n'a rien à faire dans la question. Il ne
s'agit point, en effet, d'étudier la constitution d'un terrain d'an-
cienne formation, mais bien d'un terrain essentiellement factice,
œuvre des hommes, en partie, et non de Dieu, composé de
terres rapportées dont la provenance est connue et de sable
déposé en ces lieux, soit par la mer, soit par la rivière. J'estime
que son origine est double, reconnaissant toutefois que ce sable
diffère des sables des bords proprement dits de l'Océan, par la
raison toute simple qu'il a été détaché de roches d'une autre
nature et que l'irruption des flots marins y a mélangé une cer-
taine partie de la terre du continent qu'ils entraînaient avec
eux, en s'y frayant un passage.

Mais là où la géologie reprend tous ses droits, c'est quand
elle nous expose et explique, non pas seulement la formation,
la nature et la distribution des matériaux qui composent le
globe terrestre, mais les lois des mouvements divers auxquelles
est soumis providentiellement ce point de l'infini que nous occu-
pons. Les lumières que cette belle science nous apporte me
permettront d'éclairer la question, de telle sorte que la vérité
éclate à tous les yeux, même les plus prévenus. Je suis heureux
d'avoir à reproduire une communication qui m'est gracieuse-
ment faite par un homme de science, très compétent dans la
matière, adonné depuis vingt ans à l'étude et à la construction
des chemins de fer, tant à l'étranger qu'en France, M. Arthur
Rathouis, un Nantais, ingénieur des ponts et chaussées à Cler-
mont-Ferrand.

Voici textuellement ce qu'il m'écrit sous la date du 20 octobre dernier :

« L'opinion aujourd'hui accréditée consacre la continuation
des oscillations du sol dans notre pays. Darwin dit (*Geological
observations of south América*) : Il viendra un temps où les géographes regarderont comme aussi peu probable que le sol puisse
avoir conservé le même niveau pendant toute une période géo-

logique, qu'il le serait, que l'atmosphère fût restée constamment calme pendant toute une saison. »

« Stanislas Mounier (*Causes actuelles en géologie*), parlant de l'affaissement des côtes de la Manche correspondant à l'exhaussement du littoral atlantique, dit : La France entière est animée d'un mouvement de bascule autour d'une sorte de charnière qui passerait à peu près par la péninsule bretonne (*opinion de Bravais*). Ainsi, pendant que les côtes de Normandie s'affaissent, le littoral du Poitou, de l'Aunis et de la Saintonge s'élève progressivement : Guérande, Le Croisic, Bourgneuf, les Sables-d'Olonne offrent sur leurs plages des traces incontestables d'élévation récente. L'ancien golfe du Poitou dont l'entrée, il y a 2,000 ans, n'avait pas moins de 30 à 40 kilomètres de largeur et qui pénétrait dans l'intérieur des terres *jusqu'à Niort*, s'est constamment rétréci depuis cette époque et maintenant ne forme plus qu'une petite baie connue sous le nom d'anse d'Aiguillon.

« Ailleurs, il dit que le sol sous-marin, au large de Cherbourg, est recouvert de restes encore debout de vastes forêts. Il cite les témoignages historiques qui placent la construction du mont Saint-Michel en 709 au milieu d'une vaste forêt faisant partie de la terre ferme.

« En rapprochant cela de ce qu'il établit ailleurs par différentes preuves des oscillations successives en sens contraires des mêmes côtes, qui auraient eu pour résultat d'exhausser et de replonger deux fois ce qui est aujourd'hui le sol sous-marin, que deux fois il eût été couvert de vastes forêts ensevelies les unes après les autres, on arrive à intercaler dans cette période de vingt siècles la possibilité du mouvement alternatif qui s'opérerait, suivant lui, autour de cette sorte de charnière. Elle aurait eu pour résultat de faire descendre le littoral atlantique pendant que les côtes de la Manche se relevaient.

« Une très petite oscillation en sens contraire dans le mouvement général constaté depuis deux mille ans, suffirait à produire les effets que vous signalez, sur un fond de golfe dont la pente totale n'est que de quelques mètres. »

Ces principes sont ceux qu'ont enseignés et démontrés nos plus érudits géographes et géologues, MM. Desjardins, Reclus et

Girard. Si ces oscillations ont produit des cataclysmes aussi considérables sur les bords de la Manche, comment ne pas admettre ceux beaucoup moindres dont on remarque les traces dans la vallée de la Sèvre? Pour amener à Niort l'Océan, qui déjà, à cette époque, était à ses portes, il aurait suffi d'un seul raz-de-marée, vraie cataracte qui, selon la définition de Babinet, couvre la plaine à une immense distance, en engloutissant les hommes et les animaux et en rasant au niveau du sol toutes les habitations, tous les travaux agricoles (1).

Si l'histoire n'a pas enregistré l'oscillation terrestre qui a prolongé le golfe des Santons ou des Pictons jusqu'aux rochers de Saint-André et celle, en sens contraire, qui a ramené la mer dans ses limites primitives, a-t-elle mentionné la formation de la baie Saint-Michel et l'effondrement des vastes forêts qui recouvraient le pays? Les Annales de l'humanité sont muettes sur ce point comme sur beaucoup d'autres et cependant ces mémorables évènements sont de plusieurs siècles postérieurs à ceux que le quartier du Port nous dévoile. Ils n'en ont pas moins existé. *E pur si muove.*

(1) *Revue des Deux-Mondes*, 1er décembre 1854, tomes VIII, p. 1016.

Niort, le 5 novembre 1883.

TROISIÈME PARTIE

En France, comme dans d'autres pays, on rencontre des huîtres un peu partout, loin de la mer et à des altitudes où l'imagination aurait peine à expliquer leur présence, si on ne connaissait les profondes transformations que le globe terrestre a subies. Ce sont des huîtres fossiles. Elles se distinguent essentiellement de celles de nos jours, non seulement par leur conformation, par la position qu'elles occupaient sous les eaux, mais aussi par la puissance de leurs masses et la forte cohésion qui les soude les unes aux autres, en un mot, elles sont pétrifiées.

M. Fritz-Ritter, ingénieur en chef des ponts-et-chaussées à Montpellier, a adressé à la Société de statistique, sciences, lettres et arts des Deux-Sèvres, dont il a été longtemps le secrétaire, un bel échantillon de ces huîtres fossiles. Dans un Mémoire bien étudié dans toutes ses parties, le docte ingénieur fait connaître que ce spécimen a été détaché « d'un banc de 40 centimètres d'épaisseur, en contact avec une terre arable, d'épaisseur variable, formée des dépôts les plus modernes de la période géologique finale ou quaternaire, et reposant sur un lit de 50 centimètres de menus débris de coquilles, de petits graviers, d'argile indiquant un dépôt de matières remaniées sur une grève soumise à l'action des vagues. »

« Les bancs fossiles de Montpellier ont donc, quant à leur position, une grande analogie avec les bancs d'huîtres de Niort. » C'est le seul point de ressemblance entre les deux dépôts. Les mollusques du quartier du Port sont en couches légères de quelques centimètres à peine, sans adhérence aucune entre les sujets, indice d'une origine plus récente. Il existe trois bancs, de mêmes épaisseurs, superposés les uns sur les autres et séparés par des lits de sable d'une nature tout autre que le sablè sous-jacent qu'une terre d'alluvion recouvre, du reste, circonstance qui ne se présente pas dans l'Hérault, preuve que nous sommes tout à fait en présence d'un terrain de formation récente. Ce n'est qu'au-dessous que se montrent les dépôts de la période quaternaire. Cette partie seule, selon moi, est du ressort de la géologie. Il est à remarquer qu'elle n'a jamais été touchée et qu'elle ne contient ni galets ni trace de coquillages, tandis que la terre d'alluvion qui la surmonte est riche en cailloux roulés et en coquillages marins et que c'est dans cette terre et nulle part ailleurs, — point essentiel et déterminant, — que ce sont rencontrées les monnaies romaines, toutes du 1er siècle de l'ère chrétienne (1), notons ce fait que, dans la question, il ne faut pas perdre de vue, puisqu'il assigne une date précise à l'immersion du quartier. C'est là aussi qu'on a mis au jour les substructions anciennes et les débris de l'industrie humaine, contemporains des monnaies. Les sables et les huîtres sont donc postérieurs, à n'en pas douter, puisqu'ils recouvrent ces constructions et tous ces objets.

C'est en vain, à mes yeux, qu'on a allégué qu'on a percé et ces sables et ces bancs d'huîtres pour établir les fondations des bâtiments élevés dans le quartier. S'il en avait été ainsi, la régularité des couches d'huîtres aurait été détruite et la partie supérieure de ce qui reste de ces murs se trouverait dans le sable. Or, rien de cela n'est arrivé : les bancs d'huîtres et de sable sont intacts et n'ont pas été remaniés; les murs ont été rasés au niveau de la terre d'alluvion et ce n'est qu'au-dessus que s'étalent les sables charriés par les flots de l'Océan.

D'autres dissemblances non moins positives se présentent aux yeux de l'observateur. Les huîtres de Montpellier sont en masse compacte, — de 40 centimètres d'épaisseur, — fortement agglomérées, cimentées entre elles, formant si bien corps qu'on a pu creuser en sous-œuvre à une assez grande profondeur, sans produire d'éboulement. Celles de Niort sont en couches

(1) M. Émile Breuillac. *Bulletins de la Société de Statistique*, 1882, p. 145.

minces, sans adhérence entre elles et l'on peut sans le moindre effort les enlever une par une.

Les huîtres de Montpellier sont fossiles. Celles des rives de la Sèvre sont, de tous points, identiques aux huîtres de l'époque actuelle. Aucune contestation sur ce point. Elles remplissent donc une des conditions proposées par l'auteur que je cite pour qu'il soit reconnu qu'elles appartiennent aux temps historiques.

J'ai déjà établi qu'elles forment un véritable banc et non un amas lié par un ciment quelconque. Une autre différence est à noter, car elle est caractéristique. Dans les huîtres de Montpellier, aucune portion des animaux n'est pétrifiée ni conservée; celles de Niort, au contraire, montrent toutes encore le corps de l'animal dans sa forme naturelle, preuve qu'elles ne sont pas fossiles.

Quant au troisième point que « par une tranchée jusqu'au sol vierge, il soit reconnu que le banc tout entier repose bien sur un terrain contenant des débris de l'industrie humaine », j'ai exposé précédemment que ce sol primitif n'avait jamais été atteint, si ce n'est sur un point, pour l'établissement du bassin dont j'ai parlé au commencement de cet opuscule. De nombreuses tranchées ont récemment été opérées dans ce sol vierge, et nulle part on n'a trouvé ni mollusques ni coquillages quelconques, pas plus que de galets, témoignant de la présence de la mer sur ce lieu aux temps préhistoriques. S'il existe des huîtres fossiles, il faut les chercher à une plus grande profondeur que celle atteinte jusqu'ici et qui n'a pas dépassé trois mètres, que je sache. A Montpellier, suivant M. Ritter, la couche arable recouvrant le banc d'huîtres n'a, au maximum, qu'une épaisseur de 90 centimètres, d'où la conséquence qu'à Niort il est peu probable qu'on en découvre plus bas que le point exploré à cette heure.

« Ces trois points étant démontrés, dit le savant et honorable ingénieur, le fait de la présence de la mer au pied des falaises de Niort, dans les temps modernes, peut être admis, car il est constant qu'il s'est produit ailleurs dans des circonstances locales analogues. » N'est-ce pas la ratification pleine et entière de mon appréciation personnelle, que j'ai énoncée

dès les premiers jours et qu'une étude plus approfondie n'a fait que confirmer ?

**

« Le phénomène, ajoute l'auteur, peut être attribué à diverses causes :

1° Exhaussement graduel du sol et du fond de la mer;

2° Exhaussement brusque du sol et du fond de la mer;

3° Irruption ou, suivant une expression heureuse, retour offensif de la mer et son séjour assez prolongé sur son ancien domaine, alors qu'il avait déjà été occupé par l'homme;

4° Suite alternative d'affaissement et d'exhaussement du sol. »

J'ai rejeté tout d'abord la seconde de ces causes, attribuant le phénomène au mouvement combiné de l'exhaussement graduel du sol et du fond du golfe, avec une alternative d'affaissement et de surélévation du terrain, d'après les considérations que m'avait suggérées l'aspect des lieux et principalement des trois couches de sable et d'huîtres alternant régulièrement.

Je laisse aux lecteurs désireux de s'instruire le plaisir de lire le Mémoire de l'auteur, ne voulant pas déflorer les aperçus qu'il invoque. Je me bornerai à citer ses conclusions.

« Le phénomène, dit-il, de l'exhaussement lent d'une côte est aujourd'hui parfaitement démontré, aussi bien que la permanence de la mer au même niveau, depuis la période historique, bien entendu. Il n'y a donc rien d'impossible à ce que la mer se soit étendue jusqu'à Niort, depuis l'apparition de l'homme dans le Poitou et la Saintonge et que des bancs d'huîtres se soient formés sur place sur un fond trituré par les vagues et contenant des débris de l'industrie humaine. »

Un retour offensif de la mer, ajoute-t-il un peu plus loin, et l'exhaussement et l'abaissement alternatif de son fond et de la côte peuvent encore expliquer ici et peut-être mieux encore la formation et l'existence des bancs d'huîtres de Niort. »

**

D'accord avec tous les auteurs qui se sont occupés sérieuse-
ment de la question, notamment les historiens de la ville de
Niort, MM. Briquet et Favre, M. Ritter déclare que : « il est hors
de doute qu'aux âges géologiques la mer battait le pied des
collines sur lesquelles la ville de Niort est bâtie ; il est également incontestable qu'elle pénétrait par le goulet qui existe
entre le mamelon de Saint-André et celui de Notre-Dame, suivant la rue des Halles et son prolongement, dans une crique
dont l'emplacement est occupé par la place de la Brèche et qui
recevait les eaux issues de la source dite Bouillounouse. »

Apollin Briquet, dans un travail publié dans les Mémoires de
la Société de Statistique (t. VIII, 1re série), donne le tracé de ce
goulet, en en limitant le rivage, à gauche en remontant, aux rues
du Faisan et du Soleil. D'après les découvertes faites en ces der-
nières années, postérieures à son œuvre, je crois qu'il convient
d'établir ce rivage sur un point plus élevé. Sorte d'îlot circonscrit
par la Sèvre, la vallée du Vivier ou du Lambon, où M. Ritter
fait remonter les flots de l'Océan, la rue actuelle des Douves et
le cours de la Bouillounouse, le rocher de Saint-André se termi-
nait, du côté de la rivière, par un promontoire dont le pied bai-
gnait dans l'eau, se prolongeant sur la gauche de la rue du
Pont, remontant dans la rue de Saint-André jusqu'aux escaliers
de la rue Basse, dits autrefois Monte-à-Regret, en raison de sa
forte déclivité, puis gagnait la rue du Soleil, vers l'extrémité de
celle de la Juiverie et atteignait enfin l'emplacement de la place
de la Brèche, du côté des escaliers actuels.

Mon appréciation se base sur ce fait, qui s'est reproduit plusieurs fois, de l'existence d'huîtres, en tout semblables à celles
mises au jour dans le quartier du Port, dans les rues Saint-André
et Basse, au pied des escaliers dont je viens de parler, à des
profondeurs de 7 à 8 mètres au-dessous du niveau actuel du
sol sur ces points, profondeur qui correspond à un plan hori-
zontal inférieur à la rue Brisson. Il est à remarquer, d'un autre
côté, que tout ce quartier et les rues des Halles et du Minage

étaient autrefois bâtis sur pilotis, ce qui explique les constructions légères que nos pères élevaient et dont nous voyons encore
quelques spécimens dans ces parages, quand, sur d'autres
points plus élevés, on employait principalement la pierre, dont
le pays est si richement pourvu.

Notons encore, — c'est un adversaire qui le constate lui-
même dans sa *Notice sur le canal du Merdusson* déjà citée, que,
lors de l'établissement des nouvelles halles, dans cette même
rue Brisson et que nous devons à l'initiative si intelligente de
l'honorable M. Alfred Monnet, alors maire de Niort et à ses
dignes collaborateurs si dévoués aux intérêts de la cité, — il a
fallu descendre jusqu'à 12 mètres de profondeur pour atteindre
le solide. Certes ce n'est pas la Bouillounouse qui s'est creusé
un lit aussi profond pour conduire ses paisibles eaux à la Sèvre,
dont le plafond est de beaucoup plus élevé, du reste. J'admets
sans contestation que sur tout le parcours de ce ruisseau, il a
existé un terrain marécageux où se réunissaient les eaux de nos
deux collines, peut-être même formaient-elles une sorte de
lac ou d'étang, qui s'est desséché graduellement en produisant
des émanations morbides, causes premières des épidémies qui
ont sévi pendant tant de siècles sur la ville. Je suis porté à croire
que ce marécage ancien a été bouleversé et nettoyé par l'irruption de l'Océan au IIe siècle et qu'il s'est reformé après le retrait
de la mer. Selon moi, il devait subsister de nouveau presque
complétement au Xe, époque de la création du château. Il con-
stituait, avec la Sèvre sur un autre front, une défense naturelle
de la place. Sans cela, on s'expliquerait difficilement le choix de
cet emplacement, dans la partie la plus basse de la cité, dominé
de toutes parts, tandis que, à quelques pas, sur l'autre rive de
la Bouillounouse, s'élevait un rocher à pic, dont les abords
étaient d'un accès difficile et qui commandait tout aussi bien la
rivière et beaucoup mieux la ville et surtout le gué dont on
prétend que Niort a tiré son nom.

Je suis donc sur tous les points de l'avis du savant ingénieur,
que je m'honore de compter au nombre de mes amis, quant à
l'existence de ce goulet entre les mamelons de Saint-André et
de Notre-Dame, mais là où je me sépare de son opinion c'est

lorsqu'il fixe cet état de choses uniquement aux âges géologiques. Je m'explique. Dans les nombreuses tranchées creusées dans le quartier du Port et dont quelques-unes ont atteint 3 mètres de profondeur, en plein terrain quaternaire, on n'a découvert aucun indice de la présence de la mer en ce lieu, je le répète. Je suis donc fondé à croire, jusqu'à preuve du contraire, que n'ayant laissé aucune trace, l'Océan n'a pas recouvert cette partie de notre territoire aux âges préhistoriques. Les preuves les plus convainquantes établissent, au contraire, qu'une irruption s'est produite au IIe siècle de notre ère et que les eaux marines y ont séjourné un certain laps de temps, jusqu'au VIe, si on s'en rapporte au dire de la tradition. Cependant je ne prétends nullement affirmer que le fait n'a jamais eu lieu, mes connaissances en géologie sont trop élémentaires pour que j'affiche une semblable prétention, qui ne serait qu'une vaine présomption de ma part. Mais y aurait-il donc une impossibilité absolue à ce que, suivant l'expression heureuse citée par M. Ritter, la mer, par un retour offensif, ait repris possession de son ancien domaine, alors qu'il avait déjà été occupé par l'homme, dans les temps modernes? A mes yeux, Niort offre un exemple saillant et une preuve décisive de la vérité de cette assertion des hommes de sciences.

***

En somme, Niort est-il donc si éloigné de la mer et situé à une telle altitude qu'il soit de toute impossibilité que le phénomène de l'irruption des eaux jusqu'au pied de ses falaises ait jamais pu se produire depuis les temps historiques?

J'ai déjà dit que les géologues les plus éminents, les géographes les plus célèbres ont parfaitement reconnu et admis les transformations dont les rivages de la mer portent les traces et qui se produisent encore de nos jours, notamment sur le littoral de la Vendée. En ce moment même, les populations riveraines ne sont pas sans crainte, car on remarque que la *mer monte* plus haut que précédemment, en d'autres termes, puisque la science reconnaît que l'Océan conserve toujours le même niveau, c'est la *terre qui s'incline*. Serions-nous donc appelés, nous ou nos arrières-neveux, à être témoins d'un de ces jeux de bascule que les savants enseignent?

Suivant une indication de la carte physique de la France jointe à la géographie universelle d'Élysée Reclus, le niveau de la Sèvre à Niort ne serait que de 11 mètres au-dessus du niveau de la mer. L'étiage de la même rivière à Bazouin, où le flux se fait encore sentir, étant de 7 mètres, la différence n'est donc que de 4 mètres. En tenant compte des diverses écluses établies entre ces deux points, on peut dire que, sans ces écluses, l'Océan remonterait presque jusqu'à nos rivages. Avant son exhaussement et sa disparition, le golfe des Santons ou des Pictons s'étendait jusqu'à Coulon, c'est-à-dire à 8 ou 9 kilomètres de Niort. L'Océan était donc bien près de notre pays et la moindre oscillation de la terre était suffisante pour l'amener jusqu'à nous. Un raz-de-marée un peu considérable aurait produit le même effet, mais sans séjour prolongé des eaux.

Une carte de la Saintonge, de l'Aunis et de partie du Poitou, dressée au commencement du XVIIe siècle par Sanson, nous donne la configuration du golfe la plus claire que je connaisse de la dépression du terrain occupé, quelques siècles auparavant, par cette petite mer. Les contours en sont nettement dessinés et les îles dont elle était jadis parsemée s'y présentent en grand relief. Il est facile de reconnaître que Coulon se reflétait dans les eaux du golfe. La voie romaine signalée était donc placée à son extrémité et la situation de la colonie des mieux choisies. — Je pense que cette carte a dû être levée pendant le siège de La Rochelle par Louis XIII, dont Sanson était le géographe, d'autant plus que, à son verso, elle donne une notice sur l'Aunis et la Saintonge, s'occupant principalement des places fortes de la province.

*
* *

Plusieurs, dans le principe, se sont laissé influencer par l'opinion émise par un savant, dont j'estime la science et le caractère, que les sables du quartier étaient un béton désagrégé.

Dans la première partie de ce travail, j'ai exposé les raisons qui réfutent cette appréciation. Personne, aujourd'hui, ne partage cette manière de voir, et rares, je crois, sont ceux qui ont jamais admis que ces sables et ces huîtres constituaient une route. Je n'insiste point. Le lecteur comprendra ma réserve.

D'autres y ont vu un parc à huîtres, comme il paraît s'en trouver sur quelques points, notamment à Saintes. On a même voulu insinuer que les mollusques trouvés dans le quartier du Port pourraient bien être des huîtres d'eau douce. L'étendue du terrain qu'elles recouvrent, leur disposition en bancs superposés, séparés par des couches de sable, l'absence de tout rebord pour conserver les eaux salées, non moins que la perméabilité du sol, ne me permettent pas d'admettre un seul instant qu'un parc à huîtres ait jamais été établi dans cet endroit. Quant à l'idée que ces huîtres auraient vécu en eau douce, la science affirme qu'il n'existe nulle part de véritables huîtres en dehors des eaux marines. On a pu essayer de les acclimater, mais je ne pense pas qu'on ait jamais réussi. Dans l'article que j'ai déjà eu l'occasion de citer, Deshayes dit bien qu'on espère y parvenir; M. Lièvre paraît conserver cet espoir en rééditant textuellement le passage qui y a trait, sans en nommer l'auteur et surtout sans en préciser la date. Or, il y a de cela quarante ans, puisque l'article de Deshayes a paru en 1845 dans le Dictionnaire universel d'histoire naturelle de d'Orbigny. Le problème me paraît donc résolu : les huîtres sont réfractaires aux eaux douces.

*
* *

Dans ces quelques pages, je me suis attaché à décrire le plus clairement possible la nature, la composition du terrain qui, selon moi et beaucoup d'autres, renferme la solution de la question qui nous occupe : substructions romaines, monnaies romaines et gallo-romaines, objets de l'industrie humaine à la marque de potiers romains témoignent indubitablement de la présence du peuple-roi en ce lieu et précisent l'époque de son établissement. L'absence absolue de toute monnaie postérieure au 1ᵉʳ siècle de l'ère chrétienne justifie pleinement, ce me semble, mon appréciation que cette occupation a cessé dans le cours du siècle suivant, à la suite d'une conflagration qui a tout emporté, même des monuments d'une grande puissance, solidement construits et qui auraient bravé les efforts de plus de vingt siècles, si on en juge d'après les fondations qui en restent et qui se manifestent encore par trois murs énormes, de 1 mètre 50 à 1 mètre 60 d'épaisseur, très rapprochés les uns des autres et reliés entre eux par un mur transversal, les massifs de maçonnerie équivalant aux creux. Sur ce point, le déblaiement ayant été incomplet, il est difficile d'assigner une destination quelconque à ce monument. La puissance des fondations semble indiquer un temple ou une forteresse. J'appelle sur ce fait l'attention des archéologues quand les fouilles seront poussées plus loin.

La force active qui a amené la destruction de ce monument et des autres constructions ne peut être que l'irruption de l'Océan, produite par une oscillation terrestre, irruption qui a laissé des traces indéniables d'un séjour assez prolongé, par la formation, sur une étendue de 200 mètres au moins de bancs d'huîtres intactes et de bancs de sable marin alternés, *recouvrant toutes les substructions anciennes et n'ayant jamais été remaniés en aucune de leurs parties,* condition peut-être unique en France. A moins de supposer que ces huîtres et ces sables sont tombés du ciel, il faut bien reconnaître que leur création est postérieure à l'occupation des Romains dans cette partie de notre territoire et que dès lors elle appartient aux temps historiques. Cette conclusion n'est-elle pas conforme aux données de la science qui établissent, par preuves nombreuses et indiscutées, les diverses transformations du globe terrestre? Pourquoi la vallée de la Sèvre qui, au 1ᵉʳ siècle et même plus tard, formait encore le golfe des Pictons, aurait-elle échappée à ces transformations et pourquoi leurs effets ne se seraient-ils pas fait sentir jusqu'aux lieux où Niort fut édifié, lieux si rapprochés du golfe et à une altitude si peu différente du niveau de l'Océan?

***

Dans ces notes, écrites successivement sous l'impression des découvertes nouvelles, recueillies un peu partout et liées tant bien que mal, manquant nécessairement de l'unité et de la suite qu'il ne m'aurait peut-être pas été impossible d'atteindre si j'avais voulu leur donner une couleur scientifique, — je me suis abstenu soigneusement de critiquer l'opinion de ceux qui ne veulent pas admettre que la mer ait couvert nos rivages du IIe au VIe siècle. En présentant quelques observations sur certains faits qui m'ont paru mal observés, — je me suis servi de termes qui n'ont pu froisser et encore moins blesser les personnes. J'espère qu'on me rendra au moins cette justice. Les objections qu'on oppose à mon système, qui n'est, au fond, que la déduction logique de l'état des lieux, me paraissent peu déterminantes, beaucoup même, si ce n'est toutes, viennent à l'appui de mon appréciation. Comment peut-il se faire, en effet, que, si les Romains ou Gallo Romains ont continué jusqu'au VIe siècle à habiter les rives de la Sèvre depuis le quartier du Port jusqu'au quartier de Bessac, car je suis porté à croire que les deux ne formaient qu'une seule agglomération ayant subi le même sort, on n'ait pas trouvé une seule médaille postérieure aux premières années de notre ère? Quels ennemis ont sapé jusqu'au raz du sol et anéanti toute une ville et des monuments si formidablement construits? Quand bien même les poteries rouges remonteraient seulement, — simple hypothèse, — au règne d'Antonin (138-161), ce fait n'atténuerait en rien la valeur des raisons que j'allègue à l'appui de ma thèse, car je n'ai jamais prétendu que l'immersion ait eu lieu le 1er janvier de l'an 101, pas plus que le retrait de la mer se soit effectué le 31 décembre 500. Je n'ai cité que la tradition.

De ce que, il y a vingt ans et à propos de vases gaulois trouvés en je ne sais quelles localités de la Vendée et même à Niort, Benjamin Fillon a écrit que « tout concourt à démontrer que depuis au moins trente siècles les eaux de l'Océan ne s'y montrent plus », faut-il conclure que, en présence des résultats dévoilés par les fouilles de 1882 et 1883, qu'il n'a jamais connues, il eût maintenu cette affirmation? Il me paraîtrait téméraire de l'assurer.

Je crois rendre pleine et entière justice à la mémoire d'Abel Bardonnet, dont la vaste intelligence et le profond savoir m'inspiraient une suprême confiance, en pensant qu'il serait revenu à une appréciation plus saine de la question. Quand, le 3 mai 1883, je lui ai eu, en quelques mots, exposé ma doctrine, il me répondit en propres termes : « *Vous pourriez bien avoir raison. La question n'a jamais été envisagée à ce point de vue ; elle mérite d'être étudiée. Vous pourriez bien avoir raison.* »

Certes, s'il avait eu quelque objection sérieuse à m'opposer, il n'y aurait pas manqué, sachant bien que, dites avec la bienveillance qui le caractérisait, j'aurais admis ses observations avec une complète déférence. Ce jour-là, il s'est occupé pour la dernière fois de ce sujet. Le surlendemain il tombait gravement malade et trois semaines plus tard il était enlevé à l'affection des siens et de ses collègues de la Société de Statistique, où j'ai eu plus d'une raison de regretter son absence. Quel eût été le résultat de ses méditations? Je l'ignore. Mais qui sait? On a souvent besoin d'un plus petit que soi.

*
* *

Au résumé, à des faits bien démontrés, vus et constatés par des milliers de personnes, on n'oppose qu'une négation tranchante, absolue, sans la moindre raison à l'appui. Malgré les enseignements des savants les plus éminents dans les sciences géologiques et géographiques, on rejette l'idée que, dans les temps modernes, l'Océan ait jamais envahi les rivages niortais, parce que aucun document écrit ne constate le fait, comme si l'histoire avait tout consigné! J'ai déjà cité l'île de Saint-Michel, partie intégrante de la terre ferme au viiie siècle et séparée du continent on ne sait à quelle époque. N'est-ce pas au moyen de quelques rares médailles qu'on assigne une date à la fondation de Sanxais, mais connaît-on celle de sa destruction? On ne la détermine par à-peu-près que par l'absence de ces médailles. Sur ce point, comme sur beaucoup d'autres, on en est réduit à des conjectures plus ou moins plausibles, tandis qu'à Niort, selon moi, des preuves multiples, de diverses natures, toutes concordantes entre elles, abondent et surabondent. Si des monnaies indiquent l'époque de l'établissement des Romains dans cette partie du pays des Pictons, pourquoi, tout aussi bien qu'à Sanxais, leur absence n'assignerait-elle pas une date à leur dispersion?

GUSTAVE LAURENCE.

Niort, le 8 juillet 1884.

APPENDICE

SOCIÉTÉ DE STATISTIQUE, SCIENCES, LETTRES ET ARTS

Extrait du procès-verbal de la séance du 6 février 1884.

Le président lit ensuite une lettre de M. Laurence, qui donne sa démission. Vivement impressionnée du départ de son trésorier, la Société regrette cette résolution et charge le président de transmettre à M. Laurence l'expression de tous ses regrets.

Niort. — Typographie de L. Favre.